دار جامعة حمد بن خليفة للنشر
صندوق بريد 5825
الدوحة، دولة قطر

www.hbkupress.com

الطبعة العربية الأولى عام 2022

الترقيم الدولي: 9789927155673

تمت الطباعة في الدوحة-قطر.

مكتبة قطر الوطنية بيانات الفهرسة – أثناء – النشر (فان)

المعاضيد، فاطمة، مؤلف.

نخلتي من عمري / تأليف فاطمة المعاضيد ؛ رسوم نفين أبو سليم. الطبعة العربية الأولى. – الدوحة : دار جامعة حمد بن خليفة للنشر، 2022.

صفحة ؛ سم.

تدمك: 978-992-715-567-3

1. النخيل -- قصص للأطفال. 2. قصص الأطفال العربية. 3. الكتب المصورة. أ. أبو سليم، نفين، رسام.

ب. العنوان.

PZ10.731. M33 2022
892.737– dc2

202228320499

نَخْلَتِي مِنْ عُمْرِي

تأليف: فاطمة المعاضيد

رسوم: نفين أبوسليم

دار جامعة حمد بن خليفة للنشر
HAMAD BIN KHALIFA UNIVERSITY PRESS

زَرَعَتْ أُمِّي بِذْرَةً.

وُلِدْتُ أَنَا وَنَبَتَتْ فَسِيلَةٌ.

تَكْبُرُ النَّخْلَةُ فِي حَدِيقَتِنَا.

أَكْبُرُ وَتَكْبُرُ نَخْلَتِي مَعِي.

أَطُولُ فَتَطُولُ نَخْلَتِي مَعِي.

أَيْنَعَتْ نَخْلَتِي رُطَبًا.

تَمْرُهَا يُطْعِمُنَا كُلَّ صَيْفٍ.

انْتَقَلْتُ إِلَى بَيْتِنَا الجَدِيدِ
وانْتَقَلَتْ نَخْلَتِي مَعِي.

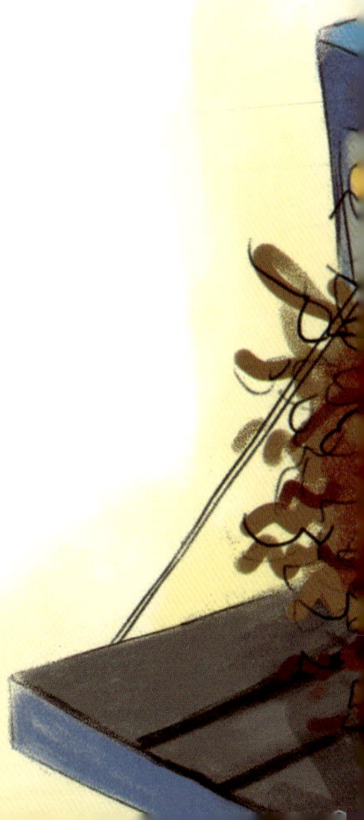

أَصْبَحْتُ أَنَا وَنَخْلَتِي
أَصْدِقَاءَ.

تَرْتَفِعُ نَخْلَتِي فِي السَّمَاءِ
وَتَرْتَفِعُ أَحْلَامِي مَعَهَا.

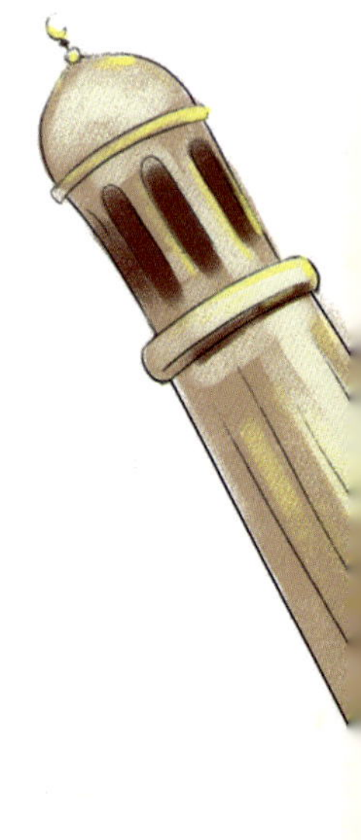

أَكْبُرُ أَنَا وَأَتْرُكُ نَخْلَتِي.

نَخْلَتِي لَا تُثْمِرُ وَلَكِنَّها بَيْتٌ لِلطُّيُورِ
وَظِلٌّ ظَلِيلٌ.

أُحِبُّ نَخْلَتِي...
نَخْلَتِي مِنْ عُمْرِي.